Sr. Teresa Zukic

Die kleine Nonne

Sr. Teresa Zukic

Die kleine Nonne

Mein geistliches
Notizbuch

Mit Zeichnungen von Patrick Martin

benno

Bibliografische Information der Deutschen Nationalbibliothek
Die Deutsche Nationalbibliothek verzeichnet diese Publikation
in der Deutschen Nationalbibliografie; detaillierte
bibliografische Daten sind im Internet über
http://dnb.d-nb.de abrufbar.

Besuchen Sie uns im Internet unter:
www.st-benno.de

ISBN 978-3-7462-3318-5

© St. Benno-Verlag GmbH
04159 Leipzig, Stammerstr. 11,
Einbandgestaltung: Ulrike Vetter, Leipzig, unter Verwendung
einer Illustration von Patrick Martin
Gesamtherstellung: Kontext, Lemsel (A)

Inhalt

Die kleine Nonne
singt ein Lied
auf die Schöpfung

Ich liebe den Sturm;
So hat es ja mit mir auch angefangen.

∞

Ich bin unter dem Flügel einer Taube
aufgewachsen.

Liebe ist wie der Wind,
der weht, wo er will.

∞

Gott ist eine kleine Silberdistel;
deshalb laufen so viele an Ihm vorbei,
nur wenige heben Ihn auf.

∞

Er nimmt jeden Stein hinweg,
über den ich stolpern könnte;
deshalb liebe ich Ihn so sehr.

Für mich beginnt jeden Morgen
der Frühling.

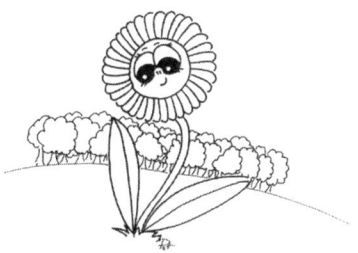

Ich will nicht ein Baum sein,
wo ich doch erst ein Pflänzlein bin.

∞

Heute bin ich kein Gänseblümchen,
heute bin ich eine Rose;
die darf man nur anschauen,
sonst bekommt man es
mit den Dornen Gottes zu tun.

∞

Der Himmel ist wie ein Dschungel:
voller Überraschungen.

Mit einem erbarmenden Lächeln
fängt die Welt an zu blühen.

∞

Ich bin ein Maikäfer;
den gibt's so selten.

∞

Der liebe Gott ist wie ein Fluss:
Er nimmt alles mit,
was man nicht braucht,
und lässt es versinken.

∞

Vögel fliegen Gott zur Ehre –
wir Menschen nicht immer.

Gestern dachte ich, ich müsste platzen.
Heute bin ich geplatzt:
Nun ist mein Inneres
viel größer geworden.

∞

Deutlicher kann Gott
sich nicht zeigen;
ich würde es nicht überleben.

∞

Ich lausche gerne
den Sonnenuntergängen.

Gott ist ein Eichhörnchen
und ich seine gefundene Nuss.

Ich wünschte mir, ein Vogel zu sein;
mein Herz würde immer
zum lieben Gott fliegen.

Ich halte dem lieben Gott
manchmal eine Predigt.
Ich sage Ihm,
wie schön Er alles gemacht hat,
was mir in der Welt nicht gefällt,
und dass Er mich verändern soll:
Er hört mir so gerne zu.

Wenn man an seine Grenzen kommt,
muss man einfach
unten durchschlüpfen,
und es geht weiter.

In meinen Augen sieht man
den Himmel, sagt Gott −
Er ist ein Charmeur.

Die kleine Nonne
bewältigt den Alltag

Gott liebt es, wenn wir anfangen:
Er gibt so gerne den Startschuss.

∞

Ihr seht nur, dass ich voll Leben bin,
aber ihr fragt nicht, woher.

∞

Gott macht mir jeden Tag Geschenke;
Ich weiß nicht, warum.

Wenn der Tag anbricht,
muss Gott überlegen,
wie Er mich aus dem Schlaf holt.

∞

Jeden Morgen nehme ich mir vor,
Ihn mehr zu lieben –
Er kommt mir jedes Mal zuvor.

∞

Wie kann jemand sagen,
es gibt den lieben Gott nicht;
ich atme Ihn doch.

Es ist keine Arbeit, wenn man etwas
für den lieben Gott tut.

Ich habe elf Monate
Teller abgetrocknet;
keiner ist heruntergefallen.

∞

Gott ist wie ein Taxifahrer;
Er bringt die Leute dorthin,
wo sie hinwollen,
nur muss man Sein Taxi wählen.

∞

Hoffende Menschen legen ihre
Hände in die vom lieben Gott.

∞

Er sagt nicht:
„Was hast du wieder angestellt!" –
Er sagt: „Komm!"

Hingabe fängt beim Nächsten an.

Die Technik ist auch
ein Geschenk Gottes,
nur wissen die wenigsten Menschen
damit umzugehen.

Gott ist es lieber,
ich komme erschöpft in den Himmel
als gar nicht.

∞

Iss, damit du groß und stark wirst!
Beim lieben Gott heißt es:
Iss, damit du klein und demütigt wirst!

Wenn Er am Abend fragt,
was ich Ihm mitgebracht habe,
sind meine Taschen und
meine Hände leer;
dann nimmt Er sich einfach
mein Herz.

∞

Gott wird uns nicht vorhalten,
was wir nicht gemacht haben;
Er wird sich freuen über das,
was wir getan haben.

Gott muss sich jeden Tag
etwas Neues ausdenken,
um mich zu beschwichtigen.

∞

Der liebe Gott ist sehr beschäftigt;
Er braucht sich um mich
keine Sorgen zu machen.
Ich sehe es aber dennoch gerne,
wenn mein Name in Seinem
Terminkalender steht.

∞

Gott weiß, wie viel Schlaf ich brauche;
während der übrigen Nacht
genießt Er die Unterhaltung mit mir.

∞

Gott lässt es zu,
dass man uns weh tut;
aber er erwartet auch,
dass wir uns göttlich verhalten.

∞

Habt Mut zum Träumen;
Der liebe Gott träumt ja auch
vom Menschen.

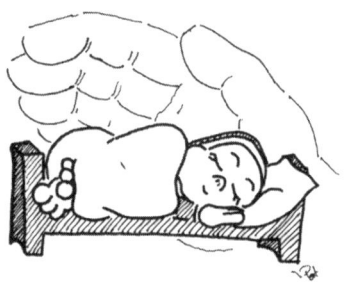

Gott will mich in der Nacht
nicht verlassen;
Doch es dauert so lange,
bis wir uns wiedersehen.

Die kleine Nonne
ringt um Selbsterkenntnis

Ich bin eine Insel,
die noch kein Mensch betreten hat.

∞

Ich bin eine Harfe,
auf der Gott spielt.

Ich bin etwas Außergewöhnliches;
aber das ist vor Gott jeder.

∞

Ich bin ein Regentropfen Gottes,
der auf die Menschen fällt.

∞

Ich bin ein Fisch,
den Gott an Land gezogen hat.

Ihr denkt, Wunder gibt es nicht –
aber ich bin doch eins!

Ich bin das Nesthäkchen
vom lieben Gott.

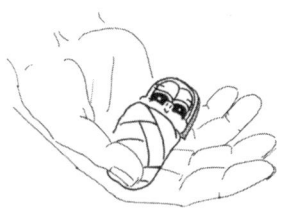

Ich bin eines der Findelkinder,
die nur der liebe Gott findet.

∞

Ich bin ein kleiner Kaktus;
ich habe genügen Wasser
in meinen Wurzeln;
aber ich blühe nur, wenn Er es will.

Ob ich naiv bin? –
Aber nein, Gott hat mich gerne, so,
wie ich bin.

∞

Ich bin doch nur ein Kind;
warum denken alle,
ich sei etwas Besonderes?

∞

Askese ist nichts für mich –
kleine Kinder brauchen so was nicht.

Ich bin ein Clown,
der viele Tränen weinen kann.

Ich bin nur ein kleines Haus;
aber Gott kommt mich gerne
besuchen.

∞

Ich brauche keine Maske,
um ein Kind zu sein.

Ich bin eine Fee
und zaubere die Liebe herbei.

∞

Ich bin eine Sonnenblume;
die Vögel rauben gerne meine Kerne.

∞

Ich bin kein Engel,
ich bin zwei Engel!

Ich bin das Ei in einem Nest;
alle warten, was rausschlüpfen wird.

Ich bin Gottes kleine Nachtmusik.

∞

Ich bin nicht besser als andere,
ich liebe Gott nur ungeteilt.

∞

Mein Herz ist aus Gold gemacht,
deshalb leuchtet es so ...

Die kleine Nonne
auf bewegter See

Der liebe Gott ist der Kapitän auf
meinem kleinen Schiff.

∞

Ich habe großes Vertrauen
zum lieben Gott;
deshalb enttäuscht Er mich nicht.

Ich vertraue Gott blind.

Ich bin ein Widerstandskämpfer
geworden,
ich lasse das Böse nicht mehr zu.

Wir müssen kämpfen
und dürfen uns nicht vom Bösen
einseifen lassen.

Wenn Gott nicht mit mir
weinen könnte,
Er wäre nicht der Vater.

∞

Ich renne dorthin, da sagt man mir,
Er wäre hier,
Ich renne hierhin, da sagt man mir,
Er wäre dort.
Nun gut,
ich werde mich in die Mitte der
Strecke setzen und auf Ihn warten.

Gott ist ein Einbrecher.

∞

Ich glaube,
in der Kirche wird zu viel gesprochen,
aber zu wenig geliebt.

Meine Kirche ist in
einem entsetzlichen Zustand.

Und wenn es Gott nicht gäbe,
ich würde Ihn dennoch lieben.

∞

Ich bin froh,
wenn ich durchs Fegefeuer komme;
ich stehe dann reiner vor Gott.

∞

Ich freue mich über jeden Dieb,
wenn er nur aus dem Himmel kommt.

∞

Er weiß, wie sehr es mir weh tut,
wenn ich einsam bin;
deshalb lässt Er mich nicht allein.

∞

Ich muss tapfer sein, sagt man mir –
aber das ist gar nicht so leicht.

Jesus weinte um seinen Freund:
oh, ich weine um viele Freunde.

Gott erwartet,
dass wir standhaft bleiben.

∞

Der liebe Gott küsst meine Tränen.

Gott mag es nicht,
wenn ich traurig bin.
Er muntert mich immer wieder auf.

∞

Ach, mein Herz ist schwer;
ich vermisse den Himmel.

Die kleine Nonne
zeigt ihre soziale Ader

Das ist das Geheimnis:
ich liebe die Menschen,
noch bevor sie mir begegnet sind.

Gott treu sein heißt:
dem Nächsten die Hand halten,
bis er getröstet ist.

Einen Menschen froh machen ist
Gott in die Arme laufen.

∞

Jesus nachfolgen heißt auch
zu merken,
wer hinter einem nachfolgt;
den muss man auch mitnehmen.

Ich amüsiere mich immer,
wenn Menschen mir etwas
erklären wollen,
was mich der liebe Gott
schon gelehrt hat.
Er lässt alles durch Menschen
wiederholen,
damit ich es nicht vergesse.

∞

Was Gott mir schenkt,
gehört nicht mir:
Jeder darf sich ein Stück davon
abholen.

Mein armer Gott sieht es gerne,
wenn ich mein Herz
den Menschen schenke.

∞

Es überrascht mich nicht,
dass die Menschen so traurig sind;
sie haben nicht erkannt,
dass Gott die Liebe ist.

∞

Im Himmel werde ich
für alle kleinen Seelen beten.

Manche denken, ich sei eine Heilige;
komisch, das denke ich
von allen anderen auch.

Schweigen ist die Blüte der Liebe.

∞

Das Leben ist Licht:
Warum suchen so viele
die Dunkelheit?

Ihr braucht Gott nur,
wenn es euch schlecht geht.
Er will immer gebraucht sein.

∞

Manche drängen sich
in meine Nähe;
aber heilig werden sie dennoch nicht.

∞

Ich spreche deutsch mit Gott –
und ihr?

∞

Ich werde bestimmt früher
im Himmel sein als Sie;
aber nur, um Sie mit Blumen
in Empfang zu nehmen.

Manche Menschen muss man
durchbeten.

∞

Liebe heißt:
die Vollkommenheit der anderen
zu unterstützen.

∞

Ein Herz braucht Hände.

Alle wollen glücklich sein;
Aber wehe, einer ist es!

Ich werde für euch heute Nacht
eine Torte beim lieben Gott bestellen:
der Boden wird der Glaube sein,
Früchte sind die Gebete,
und die Sahne
ist der Heilige Geist.

∞

Wir müssen auch mit uns
barmherzig sein ...

∞

Wenn ein Mensch anfängt,
Gott zu dienen,
ist er Ihm sehr nahe gekommen.

Die kleine Nonne
hat einen heißen Draht
nach oben

Das Herz ist ein Telefon,
wenn man mit dem lieben Gott
sprechen will.

∞

Jeden Tag überlege ich mir,
welchen Heiligen ich anrufen soll. −
Wissen Sie,
ich telefoniere so gerne.

Er weiß zwar,
was ich Ihm sagen will;
aber Er hört es dennoch gerne.

∞

Ich bin ein kleiner Luftballon;
ich steige in den Himmel auf.

Ich werde eine Landkarte malen
wie man in den Himmel kommt –
die Straßen werden
immer ins Gebet führen.

Gott hat es schwer, in der kurzen Zeit,
die wir Ihm schenken,
alles zu sagen, was Er uns sagen will.

∞

Die Himmel muss schon hier sein –
Gott ist doch auch bei mir.

∞

Wenn ich meinen lieben Jesus suche,
folge ich immer meinem Herzen.

∞

Alles ist Liebe, was er schickt.
Und sollte Leid darunter sein,
das nicht von Ihm ist,
wird Er sich beeilen,
es zu beseitigen –
so was lässt Er nicht auf sich sitzen.

Ich rieche Düfte des Himmels.

Es ist herzerfrischend,
mit dem lieben Gott zu reden.

∞

Ich liebe die Nacht;
dann sieht keiner,
wie ich mit dem lieben Gott spreche.

∞

Gefaltete Hände sprechen ihre
eigene Sprache.

∞

Wer die Stunden zum Schweigen
nicht findet,
kann lange auf Gott warten.

∞

Sich von Gott bescheinen lassen,
und alles wird heil.

∞

Ich habe heute einige Minuten nicht
an Ihn gedacht –
da hat Er gleich gesagt,
Er habe mich vermisst.

∞

Ich möchte alles für Gott tun;
Er tut ja auch alles für mich.

∞

Man braucht sich beim lieben Gott
nicht anzumelden –
Er ist immer da.

∞

Ich frage Ihn:
„Willst Du mein Herz?"
Er schweigt.
Ich frage Ihn zum zweiten Mal.
Er schweigt. –
Du weißt alles
und ich weiß,
dass Du mein Herz willst.
So nimm es endlich.

Gott sein Herz hinhalten
ist Gebet.

∞

Gott hat so viel Sehnsucht nach uns;
das könnt ihr euch gar nicht
vorstellen.

∞

Wissen Sie, warum ich so viel aus dem
Himmel stehlen darf? –
Er verfolgt so gerne die kleinen Diebe.

Das Gebet kann wie zähes Leder sein:
aber Gott kann daraus
ein Paar Schuhe machen,
damit man nicht mehr
an den Füßen friert.

∞

Langmütig ist, wer auf Gott wartet.

∞

Ich erwarte nicht, wenn ich in die
Kapelle gehe, dass Gott da ist.
Ich lasse mich gerne überraschen.

∞

Ich werde bestimmt einmal traurig
über Gott werden;
aber nur, weil Er mich
nicht holen kommt.

Wenn ich in die Kapelle komme,
bietet Gott mir immer
einen Platz an.

∞

Gott ist das Allerwichtigste.

∞

Ich verstehe vieles
an Gottes Wirken nicht,
aber das ist ja gerade das Spannende.

Jesus hat gesagt:
wer es fassen kann, der fasse es. –
Da habe ich mit meinen kleinen
Händen zugefasst.

∞

Wenn ich auf Golgota
dabei gewesen wäre,
hätte ich sicher
hinter dem Kreuz gestanden.
Ich hätte den Anblick meines Gottes
nicht ertragen.

Die kleine Nonne philosophiert über Gott und die Welt

Manche wissen nicht,
warum Gott sie liebt.
Ich glaube, Er weiß es selbst nicht;
Er kann wohl nicht anders.

∞

Im Spiegel meines Herzens
erkenne ich Gott.
Klugheit ist, sich auf den lieben Gott
zu verlassen.

Ich glaubte, Gott sei die Liebe –
Er sagte mir, Er sei die Demut.

∞

Christsein heißt:
Laufen
Verlaufen
Zurücklaufen
Anlaufen
Weiterlaufen.

∞

Christ wird man durch Worte;
Christ bleibt man durch Taten.

∞

Ich bin ein kleiner Spaten;
aber Gott gräbt viel Unkraut
damit aus.

Wenn unser Herz nicht lacht,
ist jedes Lachen geheuchelt.

∞

Gott hat mich
zu seiner Freude geschaffen.

Gott hat viel Humor –
nur wenige lachen mit Ihm.

Liebe drückt sich in jeder Geste aus.

∞

Schuld endet,
wo Liebe anfängt.

Gottes Hand ist wolkenzart.

∞

Freiheit ist ein angemessener Lohn
für die Liebe.

Der liebe Gott hat keinen Schnurrbart;
Er würde so piksen.

∞

Gott wäre ein guter Finanzbeamter
geworden:
Er beschlagnahmt alles,
was der Mensch nicht braucht.

∞

Wenn du Gott nicht in dein Herz lässt,
wie soll Er dich in Seines führen?

∞

Als der liebe Gott einem Kind
begegnete, fragte dieses: „Wer bist Du?"
„Ich bin der liebe Gott."
„Und was machst Du?"
„Nichts, ich bin einfach nur da."
„Schön", sagte das Kind,
„dann will ich Dich behalten."

Was ist der Unterschied zwischen
einem Gläubigen und einem
Ungläubigen? –
Der Gläubige weiß immer, was er sucht.

Meine Freude hat alle Grenzen
übersprungen.

Die kleine Nonne plaudert über ihre Liebesgeschichte mit Gott

Als ich ein Spinnennetz sah,
dachte ich gleich,
ich würde Gott gerne in die Falle
gehen.

Es kann nichts passieren,
wenn wir uns nur lieben lassen.

∞

Jesus muss genauso um mich werben
wie es alle anderen Verehrer tun,
nur hat Er einen großen Vorteil –
ich liebe Ihn nämlich.

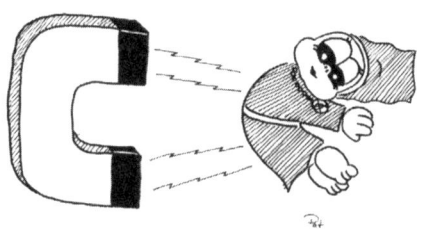

Gott übt eine unwiderstehliche
Anziehungskraft auf mich aus.

Gott hat mich überwältigt;
anderes habe ich nicht von Ihm
erwartet.

... und wenn ich könnte,
ich würde Gott jetzt gern
einen dicken Kuss auf die Wange
setzen.

∞

Die Tricks der Liebe schaue ich
den Engeln ab.

Ich werde nicht weinen,
wenn Er nicht gleich kommt –
das ist das Spiel des Bräutigams.

∞

Gott vernascht mich so gerne.

∞

Ich bin unvollkommen; aber das reizt
ja gerade den lieben Gott so an mir.

Meine Berufung ist die Liebe –
oder was habt ihr gedacht?

Bei der Hochzeit pflegt der Bräutigam
die Braut zu küssen;
hoffentlich werde ich nicht rot ...

∞

Gott ist soooooo eifersüchtig,
das können Sie sich
überhaupt nicht vorstellen.

Ewige Freundschaft ist:
Gott ins Herz zu lassen.

∞

Ich verschwende meine Liebe nicht;
ich gebe so viel, wie Gott mir gibt.

Es ist eine weite Reise
zum lieben Gott. –
Ich habe keine Rückfahrkarte.

Die kleine Nonne
hat ein großes Herz

Das Kreuz ist aller Leben Anfang.

∞

Ich kenne keine Ewigkeit,
die liebreizender und näher wäre.

∞

Wenn wir bekennen:
Ich habe gesündigt
in Gedanken, Worten und Werken,
bekennt Gott:
Ich habe geliebt
in Gedanken, Worten und Werken.

Wir müssen es nur
den Engeln gleichtun:
Gott in jedem Moment
eine Freude bereiten.

Wer die Wahrheit nicht kennt,
hat sie nie gesucht.

∞

Wir müssen auch mit uns
barmherzig sein ...

Keuschheit ist,
immer an den Kuss
vom lieben Gott zu denken.

∞

Wenn wir Gott wehgetan haben,
sagt Er nichts,
Er wartet, bis wir selber darauf kommen –
so liebt Er uns.

∞

Wir müssen es wie die Blumen machen,
die am Morgen ihren Kelch öffnen,
um für den Rest des Tages zu blühen.

∞

Ob ich vollkommen bin?
Aber nein –
Vollkommenheit ist das Ziel
und nicht der Start.

Das Herz sollte eine große Kirche sein,
in die viele Menschen
zum Beten kommen können.

∞

Es gibt so viele Zweifler;
wenn Gott zweifeln würde,
wir wären alle verloren.

∞

Liebe drückt sich in jeder Geste aus.

∞

In der Braut muss man immer
den Bräutigam erkennen.

∞

Gott lebt im Verborgenen,
damit die Menschen merken,
dass sie Ihn brauchen.

Das Ziel ist der Himmel,
vorher gibt es keinen Halt.

Ich genieße es, glücklich zu sein.
Ich genieße es, traurig zu sein.

∞

Gebt Ihm euer Ich,
und Er gibt euch Sein Du.

Der Sonntag ist Kindertag,
da darf man sich beim Vater immer
etwas wünschen.

Was nützt es euch,
geistige Bücher zu lesen,
wenn ihr Gott nicht im Schweigen
gefunden habt?

Am Sonntag durchweht
ein ganz besonderer Wind
die Welt:
Es ist der Auferstehungswind.

∞

Begegnungen zwischen Mensch und Gott
sind so selbstverständlich,
dass keiner es mehr glaubt.

Gott will nicht als Diamant
im Schaufenster eines Menschen
bewundert werden.
Er will in allen gegenwärtig sein.

Es gibt keinen Berg, den man mit Gott
nicht erklimmen könnte.

Man stirbt mit der Vergangenheit,
man lebt mit der Zukunft.
Wir sind auf den Tod getauft,
viele vergessen es.

∞

Warum Gott im Verborgenen lebt?
Damit die Menschen merken, dass sie
Ihn brauchen.

∞

Das Sterben ist so wichtig
wie das Leben.

∞

Gott will aus jedem Menschen
eine Persönlichkeit machen.

Nur Jesus hat am Kreuz
von Liebe gesprochen.

∞

Sakramente sind Zärtlichkeiten Gottes.

∞

Gott fragt nicht:
„Was hast du gestern getan?"
Er fragt: „Was tust du heute?"

∞

Gott denkt immer an Seine Kinder.

∞

Gebet ist immer Abenteuer.

Der Mensch leidet dann am meisten,
wenn er sich von Gott abwendet.

∞

Wenn die Liebe ins Herz kommt,
kommt auch das Lächeln zurück.

Nein, es ist nicht kalt draußen,
euer Herz ist es.

∞

Gott ist nicht launisch.

∞

Gott ist auch in den Gefängnissen.

∞

Ich entspanne mich am besten
im Gebet.

Wir laufen Gott davon,
nicht der Zeit.

∞

Gelebte Liebe ist lebendiges Lieben.

∞

Was Gott umgepflügt hat,
will er auch bebauen.

∞

Armut ist,
jeden Tag sein Herz
dem lieben Gott zu schenken.

∞

Wenn man nicht weiß,
wie man lieben soll,
hat Gott große Möglichkeit
nachzuhelfen.

Der Mensch ist gebenedeit,
wenn er Gottes Willen tut.
Ich wachse, weil ich mir von Gott
die schlechten Zweige
abschneiden lasse.

∞

Wer Gott liebt, fürchtet sich nicht
vor seiner Schuld.

∞

Durch Ihn
können wir zum Weg werden,
damit andere die Wahrheit finden
und Leben.

∞

Kostbar wird ein Freund,
wenn er einen das Schweigen
gelehrt hat.

Ich bin in die Stille gegangen,
um das Leben zu finden.

∞

Gott läuft dem reumütigen Kind
immer entgegen.

∞

Auch die Wüste kennt den Tag.

∞

Die Treppe,
die man besteigen muss,
führt zur Demut.

∞

Die tiefsten Gedanken kommen
aus dem Herzen.

Wenn man sich um den Tisch
des Herrn versammelt,
ist die Welt noch mal so schön.